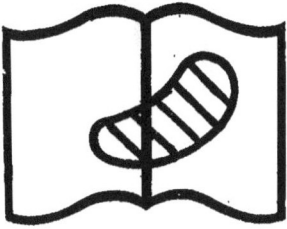

Illisibilité partielle

Couverture inférieure manquante

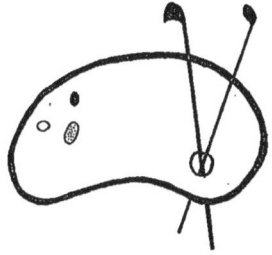

DEBUT D'UNE SERIE DE DOCUMENTS
EN COULEUR

VALABLE POUR TOUT OU PARTIE DU
DOCUMENT REPRODUIT

VILLE DE RENNES

GUIDE
DU TOURISTE
à l'Exposition de Rennes

PAR

J. LETOURNEUR

ILLUSTRATIONS par CHARLES GÉNIAUX

Prix : 0'25

RENNES
IMPRIMERIE L. RADIGOIS ET Cᴵᵉ
1897

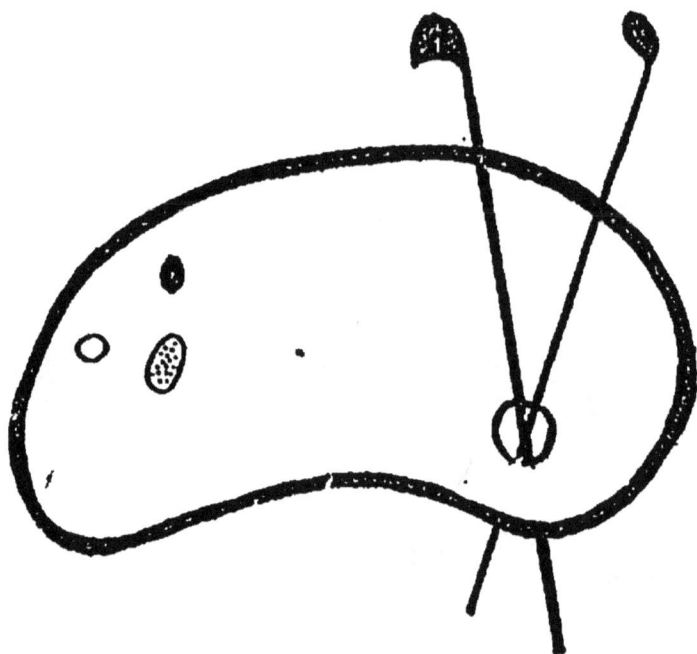

FIN D'UNE SERIE DE DOCUMENTS
EN COULEUR

GUIDE DU TOURISTE

A

L'EXPOSITION DE RENNES

RENNES A VOL D'OISEAU

Rennes, le chef-lieu du département d'Ille-et-Vilaine, est, à l'heure actuelle, une des jolies villes de province, et il n'est pas superflu d'en donner un aperçu rapide aux étrangers qui ne la connaissent pas encore; ils pourront ainsi en faire la visite d'une façon plus intéressante et plus facile, et ils ne manqueront pas certainement d'emporter de leur passage dans la capitale de la Bretagne un souvenir durable et le désir d'y revenir. La vieille cité armoricaine compte aujourd'hui 70,000 âmes environ; son origine se perd dans la nuit des temps et il faut remonter aux époques les plus reculées de la Gaule pour en retrouver la trace. C'était la capitale des *Rhedones*, l'une des tribus de la confédération armoricaine; elle s'appelait, avant l'invasion romaine, *Condate* qui, en langue celtique (*Kendatt*) veut dire *confluent*.

Ce nom de ville, qu'on rencontre souvent dans nos pays, et qui est devenu si célèbre dans sa transformation française de Condé, est le témoignage de la situation de la capitale des Rhedons au confluent de la Vilaine et de l'Ille.

On a, cependant, au siècle dernier, découvert un mur d'enceinte, d'après la disposition duquel on pouvait voir qu'à cette époque la ville était appuyée plutôt du côté de l'Ille que de la Vilaine. Ce mur, composé de pierres et de briques, explique le nom de *civitas rubra*, ville rouge, donné quelquefois à Rennes.

Pendant l'invasion des Romains, Rennes eut une grande importance; les Rhedons fournirent un contingent de 6,000 hommes à l'illustre Vercingétorix; on se trouvait, en effet, en plein pays des *druides*, comme le témoigne, le monument mégalithique de la *Roche-aux-Fées*, très curieux à visiter, et situé à 28 kilomètres, au Sud-Est de Rennes. Rennes fut occupée, cependant, par les Romains et les fouilles des archéologues amènent à chaque instant, sur son territoire, des découvertes extrêmement rares et précieuses. On a ainsi retrouvé une quantité énorme de médailles relatives à presque tous les empereurs Romains, et enfouies dans le sol; la plupart ont été retirées du lit primitif de la rivière appelée, à l'époque romaine *Doënna*.

Le Christianisme s'établit chez les *Rhedones*, sous l'empire Romain, mais assez tard; c'est en 362 que ce peuple jetta les fondements de sa première église, à l'endroit même où s'élève la cathédrale actuelle.

En 509, Clovis lança sur Rennes une armée de Frisons, mais, après sa mort, Hoël-le-Grand reprit la ville. Du reste, la Cité Rennaise eut à subir l'assaut de nombreux sièges; en 843, Charles-le-Chauve tenta de s'emparer de cette place si importante au point de vue stratégique; mais il fut vaincu à Ballon par Noménoë et dut se retirer avec ses soldats. C'est vers cette époque que Rennes fut fortifiée; ses remparts furent, du reste, rasés vers l'an 850, mais ne tardèrent pas à être reconstruits.

Pendant la guerre de Cent Ans la possession de la ville de Rennes fut disputée avec opiniâtreté par Jean de Montfort et Charles de Blois qui se la prirent alternativement. Les Anglais vinrent mettre le siège devant la capitale de la Bretagne en 1342, mais ils échouèrent dans leur tentative. Ils revinrent alors en 1356, après la victoire de Poitiers, et commandés par le duc de Lancastre. Le siège fut long et donna lieu à des prodiges de bravoure et de valeur entre les chevaliers; pourtant, la ville était décimée par la famine quand Bertrand Duguesclin, le fameux héros breton, y entra un matin après avoir culbuté les Anglais de leur camp et enlevé un convoi de vivres qui leur était destiné.

Habillements tout faits, Hommes et Enfants

En 1382, les fortifications de la ville furent restaurées par ordre du duc Jean IV; puis, une nouvelle enceinte, les faubourgs de la ville ayant pris une grande extension, fut commencée en 1419 et terminée seulement en 1516. La réunion de la Bretagne à la France par le mariage de la duchesse Anne avec Charles VIII fit perdre à l'antique province son autonomie, mais elle conserva toujours de nombreux privilèges et fut l'objet des attentions toutes particulières des premiers rois de France qui la possédèrent ainsi directement.

Henri IV fit démanteler les fortifications; quelques rares vestiges, cependant, se dressent encore, curieux souvenirs du passé, notamment la *Porte-Mordelaise* par laquelle les ducs de Bretagne faisaient leur entrée solennelle dans leur capitale.

En 1560, Charles IX, voulant honorer la vieille Cité, fixa à Rennes le Parlement de Bretagne, créé en 1548 par François Ier. Il se composait de 32 conseillers dont 16 bretons et 16 étrangers à la province.

Si Rennes n'a pas éprouvé de grandes calamités, comme certaines autres villes, il faut cependant citer une épidémie qui commença en 1563 et se renouvela par intervalles; il faut rappeler aussi le terrible incendie de 1720 qui fut aussi funeste à Rennes que la peste le fut à Marseille. Cet incendie dura 5 jours et 5 nuits, consuma plus de 32 rues et détruisit 3,284 maisons; 6 à 7,000 personnes périrent ou restèrent estropiées; les pertes furent évaluées à 90 millions ; on ne connut pas exactement les causes du sinistre ; on sait seulement que le feu prit naissance dans la boutique d'un menuisier. Un quart de siècle environ après ce désastre, la ville fut complétement reconstruite et prit un aspect tout nouveau.

Rennes est ainsi devenue, peu-à-peu, une ville toute moderne, toute française, et peut être classée parmi les plus agréables de France.

Ce qui frappe surtout le visiteur, c'est le parfait alignement et la régularité des rues qui se coupent, presque toutes à angle droit, et forment ainsi un ensemble aussi harmonieux que commode permettant très aisément de retrouver sa route, grâce à de nombreux points de repaire.

La Vilaine traverse la ville, encaissée dans de hauts quais de granit ; toute cette ligne est vraiment imposante, bordée de jolies maisons, et présentant à l'œil un aspect à la fois grandiose et riant.

L'une des plus grandes attractions de Rennes est, sans contredit, *le Jardin des Plantes*, l'un des plus beaux de France ; il fait suite, sans discontinuer, à la vieille promenade du *Thabor*, si pleine de charme avec ses arbres magnifiques qui étendent leurs rameaux gigantesques presque au-dessus de la tête de Duguesclin dont la statue se dresse au milieu du carré qui porte son nom. Un peu plus loin la colonne de Juillet s'élance gracieusement, rappelant les noms de Vaneau et Papu. Le *Jardin des Plantes*, admirablement situé, est vraiment merveilleux avec ses corbeilles de fleurs les plus variées, ses jardins anglais et surtout le superbe panorama dont le regard peut jouir jusqu'aux limites extrêmes de l'horizon. Les serres, d'une construction originale et élégante, contiennent des arbres rares des colonies et les plantes les plus délicates.

A visiter également : le *Palais de Justice*, commencé en 1618 par Jacques Desbrosses et terminé en 1655 par Cormeau. Ce beau monument, aux lignes sévères et sombres, est absolument remarquable. Les Chambres de la Cour contiennent de véritables merveilles comme peintures décoratives ; devant le péristyle quatre statues de jurisconsultes célèbres semblent garder l'entrée du sanctuaire de la justice.

Devant ce vaste édifice s'étend la *Place du Palais*, d'une longueur de 107 mètres et d'une largeur de 78 ; cette place est une des plus belles qu'on puisse voir avec la régularité des constructions qui l'entourent.

Non loin de là se trouve la place de l'Hôtel de Ville, vaste et spacieuse elle aussi. Le monument de l'*Hôtel de Ville* avec l'ancien beffroi et le présidial est d'un aspect imposant ; il a été construit en 1734. En face se dresse le *Théâtre*.

Le *Lycée* est un monument tout moderne, dans le style Louis XIV, comprenant un très vaste espace, et d'un ensemble riche et élégant.

Le *Palais Universitaire*, siège des Facultés, contient le *Musée* qui est un des plus riches de province, comme tableaux surtout. De l'autre côté de la rivière on peut admirer le *Palais des Sciences*, de construction toute récente, et, en suivant le cours des quais, le *Palais du Commerce*, encore inachevé, mais dont la partie existante donne une idée de ce que sera cet immense édifice avec ses galeries à arcades, semblables à celles qui entourent le Théâtre.

L'église *Métropolitaine* se trouve en face la Porte-Mordelaise. Elle fut commencée en 1787 et a été seulement terminée de nos jours. Cette cathédrale est surtout remarquable par la richesse dés décorations qui rachètent le manque d'élévation de l'édifice ; c'est un véritable bijou artistique avec ses peintures, ses dorures et ses colonnes dans le genre italien. Les tours, hautes de plus de quarante mètres, ont été construites, en partie, sous la Duchesse Anne. A signaler dans l'une des chapelles latérales un très beau rétable du XVe siècle.

L'église *Saint-Sauveur* est moderne ; elle renferme une statue de Notre-Dame des Miracles et Vertus, rappelant la délivrance de la ville par la sainte Vierge, et un tableau de l'incendie de 1720.

Les autres églises de Rennes sont aussi modernes pour la plupart : l'église de *Toussaints* contient une chaire très belle du XVIIe siècle et un maître-autel fort riche ; celle de *Saint-Étienne* a de superbes vitraux ; l'église *Notre-Dame*, très vaste, a des boiseries remarquables dans le chœur ; l'église *Saint-Germain* a de belles verrières anciennes ; celle de *Saint-Hélier* est située un peu loin de la ville.

L'église *Saint-Aubin* ne tardera pas à être remplacée par un magnifique sanctuaire, en construction, véritable basilique de style gothique qui sera certainement l'une des plus belles du diocèse.

Un grand nombre de chapelles seraient également à citer ; mentionnons celle des *Missionnaires* et celle de l'*Institution Saint-Martin*.

La caserne *Saint-Georges*, actuellement occupée par un bataillon du 41e d'infanterie, est un superbe bâtiment que l'on aperçoit de l'avenue de la Gare ; c'est une ancienne abbaye de Bénédictines, édifiée en 1670 par l'abbesse Magdeleine de la Fayette. Les autres casernes dites du *Colombier*, de *Guines,* de *Kergus*, de *Mac-Mahon* et du *Bon-Pasteur* sont également dignes de fixer l'attention.

L'*Arsenal* est immense ; ses vastes ateliers, avec ceux de la Gare, emploient un nombre considérable d'ouvriers.

La *Préfecture* est un monument moderne ; l'*Archevêché* en est voisin. Au point de vue industriel il convient de mentionner la *Fonderie Guy* fort intéressante à visiter en détail.

Les *boulevards* de Rennes sont de très agréables promenades ; le *Champ-de-Mars* a des proportions très vastes et sert, ainsi que le *Polygone*, de champ de manœuvres aux régiments de la garnison.

Tout près de la Cathédrale, rue Saint-Guillaume, est une vieille demeure branlante, ancienne maison de Duguesclin; on a, depuis peu, placé une plaque commémorative sur la maison de Leperdit, ancien maire de Rennes.

Non loin de la ville, sur la route de Brest, vient d'être édifiée l'*Ecole nationale d'agriculture;* sur la route de Saint-Malo, on peut visiter également la *ferme-école des Trois-Croix* et l'*école de laiterie de Coëtlogon.*

A trois kilomètres environ de Rennes se trouve le *château de la Prévalaye* dont les prairies magnifiques fournissent aux troupeaux des herbages incomparables et par là même, le beurre si justement renommé. Il y a peu de temps encore, près de ce château, un chêne sous lequel s'était assis Henri IV portait des branches verdoyantes. Si le promeneur veut faire une charmante excursion il peut facilement se rendre à *Pont-Péan* où l'attend une mine argentifère qui occupe plusieurs centaines d'ouvriers et dont la visite constitue une récréation des plus instructives et des plus intéressantes.

Sur la route de Fougères, à une distance de deux à trois kilomètres de la ville existe encore le vieux *château de Maurepas* qui n'a rien de fort curieux au point de vue architectural, mais pré-

Habillements tout faits, Hommes et Enfants

sente un intérêt au point de vue des souvenirs historique qui s'y rattachent. C'est dans les caves de ce vaste bâtiment, que, pendant la révolution de 1789, s'imprimait un journal appelé : « *La Sentinelle du peuple* » et destiné à exciter la masse populaire à la révolte ; pendant longtemps on chercha à mettre la main sur le rédacteur de cette feuille qui en était, en même temps, l'imprimeur.

Le bruit occasionné par ce travail nocturne faisait croire aux paysans des environs que ce château était hanté d'où la légende, qui a persisté jusqu'à ces derniers temps, que le château de Maurepas était habité par des revenants et des fantômes !

Tout-à-côté du château se trouve le *Champ de Courses;* si l'on voulait pousser l'excursion jusqu'à treize ou quatorze kilomètres on arriverait à la Mi-Forêt but de promenade fort agréable.

Nous devons signaler aussi les merveilleux environs de Bruz, première station sur la ligne de Rennes à Redon; les Rennais affectionnent beaucoup ces parages pendant l'été et leur goût est justifié par la beauté de ce pays des plus pittoresques. Là, en gagnant le village de Pont-Réan, on peut passer une journée délicieuse; d'énormes carrières de pierres violettes bordent le lit de la Vilaine, très élargi en cet endroit; des landes garnies de bruyères et de genêts les couronnent; le moulin du Boël, près duquel est arrivé une si terrible catastrophe voilà quelques années, se dresse au milieu de la rivière, et du sommet des rochers l'œil découvre un panorama admirable.

Aux environs de Rennes, si l'on ne veut pas s'écarter aussi loin, se trouvent les villages de Cesson, Saint-Grégoire, Saint-Laurent, Saint-Jacques, etc. Les deux premiers sont desservis l'été par un bateau à vapeur.

La charmante commune de Hédé est aussi un but d'excursion fort intéressant avec les ruines du vieux château ; on peut aussi se rendre aisément à Châteaugiron.

Mais, il est vraiment temps de déposer la plume et de laisser aux touristes l'attrait de découvrir eux-mêmes les autres surprises que Rennes et le pays environnant peut leur réserver. Nous n'ajouterons qu'un mot : que les voyageurs, si nombreux de nos jours, ne craignent pas de s'arrêter dans la vieille capitale de la Bretagne ; ils ne regretteront certainement pas leur visite dans ses murs, et, comme nous le disions en commençant, ils n'auront plus qu'un désir ; renouveler leur visite à cette ville si agréable tant par les charmes du site que par la courtoisie des habitants qui savent pratiquer fidèlement la vieille et large hospitalité Bretonne.

CH. B...

SERVICE POSTAL

TAXES

Lettres, 15 centimes par 15 grammes, en augmentant de 15 centimes par chaque 15 grammes ou fraction.

La lettre non affranchie paie toujours double prix d'une lettre affranchie de même poids.

Lettres, cartes postales, objets recommandés, 25 centimes en plus.

Valeurs déclarées, 10 centimes pour 500 francs ou fraction de 500, jusqu'à 10,000 francs, maximum de déclaration, en plus du prix du port.

Les valeurs déclarées dans des boîtes sont soumises :

1° A un droit fixe de chargement de 25 centimes ;

2° A un droit proportionnel de 10 centimes par 500 francs ;

3° A un prix de 5 centimes par 50 grammes, sans limite de poids ;

4° Leurs dimensions maxima sont fixées à 0m30 en longueur et à 0m10 en largeur et en hauteur. Il n'y a pas de minimum et le maximum est fixé à 10,000 francs.

Avis de réception, 10 centimes.

Insuffisance d'affranchissement. Dans ce cas, la taxe à percevoir est égale au double de l'insuffisance.

Cartes-Lettres, 15 centimes.

Cartes postales, 10 centimes.

Cartes de visite. — *En vertu d'un arrêté ministériel en date du 19 février 1895, ces cartes peuvent contenir les mentions ou indications ci-après :*

Habillements tout faits, Hommes et Enfants

Habillements tout faits, Hommes et Enfants

A LA GRANDE MAISON — RENNES

1° Nom, prénoms, qualités ou profession et adresse de l'expéditeur ; — 2° Jours et heures de consultation ou de réception ; — 3° Pour prendre congé, ou P. P. C. ; — 4° Pour faire connaissance, ou P. F. C. ; — 5° En congé, en disponibilité, retraité ou en retraite ; — 6° Vœux, souhaits, compliments de condoléance, félicitations, remerciements ou *autres formules de politesse n'excédant pas cinq mots.* — Toutes indications autres que celles ci-dessus autorisées sont interdites sur les cartes de visite affranchies à prix réduit, le fait de leur présence sur ces cartes constitue une contravention à l'article 9 de la loi de 1856 et tombe sous l'application des dispositions pénales édictées par ladite loi.

Factures, sous enveloppes non fermées, 5 centimes.

Abonnements aux journaux. — La poste fait ces abonnements sans frais pour l'abonné.

Journaux, Recueils, Annales, Mémoires et Bulletins périodiques expédiés hors du département où est le lieu de publication ou dans les départements limitrophes, 2 centimes jusqu'à 50 grammes. Le port est augmenté de 1 centime par 25 grammes ou fraction de 25 grammes.

Les journaux circulant dans le département où ils sont publiés ou dans les départements limitrophes ne paient que 1 centime jusqu'à 50 grammes et 1/2 centime par chaque 25 grammes en plus.

Ceux publiés dans les départements de Seine ou Seine-et-Oise, et expédiés dans le département où ils sont publiés paient 1 centime pour les premiers 25 grammes et 1/2 centime pour chaque 25 grammes en plus.

Circulaires, Prospectus. Avis divers, Prix cou-

rants *Livres, Gravures, Lithographies, Avis de mariage, de naissance, de décès, des Cartes de visite, des Circulaires électorales* ou *Bulletins de vote*, et généralement tous imprimés expédiés sous bandes :

1 centime par chaque 5 grammes jusqu'à 20 grammes;

5 centimes au-dessus de 20 grammes jusqu'à 50 gr.;

Au-dessus de 50 grammes, 5 centimes par 50 gramm es ou fraction de 50 grammes excédant.

Les objets désignés en l'article précédent peuvent être expédiés sous forme de lettres ou sous enveloppes ouvertes; le port est alors, pour chaque paquet :

De 5 centimes par 50 grammes ou fraction de 50 gr.

Poids maximum pour les échantillons, 350 grammes; autres objets, 3 kilogrammes, pour épreuves d'imprimerie et papiers de commerce.

Mandats de poste, droit de 1 pour 100.

Mandats télégraphiques, même droit, plus les frais de la dépêche télégraphique.

Mandat-Carte, payable à domicile moyennant un droit de factage de 10 centimes en plus du droit de 1 pour 100 à acquitter par l'expéditeur.

Recouvrement des effets de commerce, 10 centimes par 20 francs ou fraction de 20 francs du montant et au plus 50 centimes par valeur, 25 centimes pour frais de recommandation de la valeur recouvrée.

Objets recommandés, droit fixe, 25 centimes en sus de la taxe applicable à l'objet.

Avis de réception, 10 centimes. Valeurs déclarées acceptées seulement pour l'Allemagne, la Belgique, le Luxembourg. les Pays-Bas, la Suisse, l'Italie, l'Autriche,

Habillements tout faits, Hommes et Enfants

la Hongrie, le Danemarck, le Portugal et l'Egypte, la Bulgarie, le Chili, l'Espagne y compris les Baléares et les Canaries, le Groënland, la Norwége, la République Argentine, la Roumanie, la Russie y compris le grand-duché de Finlande, Salvador, Serbie Shangaï (Chine), Suède, Tanger (Maroc), Turquie, Zanzibar.

Mandats de poste internationaux, droit de 10 centimes par 10 francs délivrés seulement pour la Grande-Bretagne.

Pour l'Allemagne, la Belgique, les colonies ou établissements néerlandais, le Danemarck, l'Italie, le Luxembourg, les Pays-Bas, la Suède et la Suisse, 25 centimes par 25 francs.

Tarif des correspondances à distribuer par exprès.

Les objets à distribuer par exprès doivent acquitter, indépendamment de la taxe postale dont ils sont passibles d'après le tarif en vigueur, une taxe d'exprès de 50 centimes, si l'objet est distribuable dans une commune siège de bureau de poste; de 2 francs, s'il est à destination d'une commune rurale, c'est-à-dire non pourvue d'un bureau de poste.

La taxe doit être représentée par des timbres-poste. L'expéditeur doit inscrire sur chaque objet en caractères très apparents : *Par exprès.*

L'échange des correspondances à remettre par exprès fonctionne dans les rapports de la France avec l'Angleterre et les Pays-Bas.

Habillements tout faits, Hommes et Enfants

PRIX DES TRANSPORTS DE BAGAGES
AVEC EXCÉDENT

~~~

BARÊME KILOMÉTRIQUE

Nombre de kilomètres.	Prix par 1,000 kilog.
10	5 50
20	9 50
80	13 50
40	17 50
50	21 50
60	25 50
70	29 50
80	33 50
90	37 50
100	41 50
200	51 50
300	121 50
400	161 50
500	201 50
600	241 50
700	281 50
800	321 50

Le minimum de perception pour les bagages avec excédent est de 50 centimes.

Pour les bagages ne dépassant pas le poids de 30 kilogrammes par voyageur, le droit d'enregistrement de 10 centimes seulement est perçu.

Habillements tout faits, Hommes et Enfants

VILLE DE RENNES

Place de la Halle-aux-Blés

Théâtre DELEMARRE Frères

ÉTABLISSEMENT DE 1er ORDRE

REPRÉSENTATIONS TOUS LES SOIRS

GENRE DE SPECTACLES

Comédies bouffes, Hautes Comédies, Drames, Vaudevilles,
Pièces à grand spectacle et Féeries

DÉCORS & COSTUMES NEUFS POUR CHAQUE OUVRAGE

*Les Représentations du Jeudi sont spécialement
recommandées aux Familles*

PRIX DES PLACES

Loges d'avant-scène, **2** fr. — Loges de Famille (4 places), **6** fr.
Fauteuils numérotés, **1.50** (En plus 0.10 en location)
Premières, **1** fr. — Galeries, **0.60** — Troisièmes, **0.40**

Le Théâtre est confortablement aménagé pour
recevoir la bonne Société.

Les Représentations ont lieu par tous les temps,
le Théâtre étant bien aéré et bien couvert.

UN SERVICE DE VOITURES EST ORGANISÉ A LA SORTIE DU SPECTACLE

DROITS ET DEVOIRS DES VOYAGEURS

Billets. — Avoir son billet pour enregistrer ses bagages. Le montrer à toute réquisition. Le voyageur qui perd son billet paie une somme égale à celle que coûte un billet pris *au point de départ* du train, à moins qu'il ne prouve par son billet de bagages ou autrement qu'il est monté en route.

Enfants. — Au-dessous de trois ans, ne paient pas s'ils sont tenus sur les genoux. De trois à sept ans, demi-place.

Militaires et Marins. — Le quart du tarif.

Chiens. — *Accompagnés :* Fourgon, 16 centimes par kilomètre. — *Seuls :* En cage, tarif de la grande vitesse. Il est permis de prendre dans son compartiment un petit chien, un chat, un oiseau, etc., si aucun voyageur ne proteste.

Bagages. — Chaque billet a droit à 30 kilogrammes garantis sur les réseaux français. — Chaque demi-place à 20 kilogrammes. — De 30 à 40 kilos, les militaires paient le quart du tarif.
Enregistrer ses bagages 15 minutes avant l'heure du départ. Taxe, 10 centimes. S'assurer que l'étiquette collée porte votre destination et que le numéro correspond à celui de votre bulletin.
A la frontière, assister soi-même à la visite.

A LA GRANDE MAISON — RENNES

Habillements tout faits, Hommes et Enfants

Dans toutes les gares, il y a une consigne où l'on peut déposer ses bagages. Bulletins, 10 centimes.

Dans le train. — Toute place marquée par un journal, un sac, etc., appartient de droit au voyageur qui l'a marquée ; on ne peut retenir que sa place. Défense de monter dans une autre classe que celle de son billet (16 à 3,000 francs d'amende).

Les Compagnies répondent des bagages enregistrés, non des colis à la main.

En route. — Si l'on monte dans une classe supérieure, aviser immédiatement le chef de train.

Si, après avoir pris son billet, on se trouve empêché de partir, faire constater, au guichet, le cas de force majeure et adresser une demande de remboursement à la Compagnie.

Il n'est permis de fumer qu'avec l'assentiment de tous les voyageurs présents. Dans tous les trains, il y a des compartiments réservés aux *dames seules* et aux *fumeurs*.

Si les troisièmes sont pleines, les voyageurs de troisièmes peuvent monter en deuxièmes et en premières sur l'invitation du chef de train. Si les premières ou les deuxièmes sont pleines, on peut monter en troisièmes, le faire constater par le chef de train pour demander ensuite le remboursement de la différence.

Si l'on perd son bulletin de bagages, prouver qu'on en avait un en montrant la lettre B imprimée au dos de son billet. Si l'on perd bulletin et billet, donner des preuves valables.

A LA GRANDE MAISON — RENNES

A LA GRANDE MAISON — RENNES

Fabrique, Réparation et Echange
DE
VOITURES & HARNAIS

CARROSSERIE EN TOUS GENRES

FORGE

ET

Charronnage

SELLERIE

ET

Peinture

A. Quinton

Ateliers et Magasins : Rue St-Malo, 21 & 64

RENNES

Grand Choix de Voitures Neuves
ET D'OCCASION

PRIX MODÉRÉS & FACILITES DE PAIEMENT

Habillements tout faits, Hommes et Enfants

Le chef de train reçoit les plaintes des voyageurs et les transmet au chef de gare qui avise.

Secours aux blessés et médicaments dans les principales stations.

Aux stations. — Si l'on ne peut monter dans le train, — faute de place, — monter dans le suivant quel qu'il soit. De même, si l'arrêt indiqué est écourté et si l'on n'a pas le temps de regagner son wagon, monter dans n'importe quelle voiture.

Avoir toujours le soin de prendre le numéro de son wagon et de son compartiment.

Buffets. — Les stations importantes possèdent des buffets ou des buvettes. Les voyageurs trouveront dans les principaux buffets de la Compagnie des *paniers à provisions* faciles à emporter dans les wagons et contenant un repas complet froid à prix fixe (3 francs ou 3 fr. 50 c.) Rendre ces paniers aux agents de la Compagnie dans une gare quelconque.

PETITS & GROS CIERGES

De la communion c'était la grande fête,
Les parents des enfants priaient avec ferveur ;
Les fillettes en blanc, le voile sur la tête,
Chantaient à pleine voix : Gloire au divin Sauveur !

De ce charmant essaim d'humbles et blanches vierges
J'admirais tout ému le ravissant coup d'œil,
Quand je vis tout-à-coup apporter deux gros cierges
Ecrasant les petits du poids de leur orgueil !

Pourquoi donc, me disais-je, en ce jour plein d'ivresse
La simple égalité manque-t-elle au Saint-Lieu ?
Pauvreté cependant aussi bien que richesse
Ont la même valeur à la table de Dieu !

Et je devins rêveur en songeant qu'à l'Eglise
Ainsi que dans le monde on peut trouver encor
Des gens plus ou moins fous ayant pris pour devise :
Tous les droits sont permis quand on a le veau d'or !

Alexis ROUAULT.

ADMINISTRATION DÉPARTEMENTALE

M. G. Leroux, préfet.
M. A. Frize, secrétaire général.

AUDIENCES

M. le Préfet reçoit les mardi, jeudi et samedi de 9 h. 1/2 à 11 h. 1/2 et de 2 heures à 4 heures.
M. le Secrétaire général reçoit tous les jours de 10 heures à midi et de 2 heures à 4 heures.

DIOCÈSE DE RENNES

Mgr Guillaume-Marie-Joseph Labouré, archevêque de Rennes, Dol et Saint-Malo, reçoit en son palais, sis place Saint-Melaine.

CULTE PROTESTANT

L'église de Rennes se rattache au Consistoire de Brest.
Le culte se célèbre dans le temple situé boulevard de la Liberté, près la Halle-aux-Blés, à 10 heures le dimanche.
Pasteur : M. Arnoux, rue Poullain-Duparc, 22.

MAIRIE

M. Poulin, maire, boulevard Sévigné, 30.
Adjoints ;
MM. Legros, boulevard de la Liberté, 30.
A. Lajat, route de Lorient.
G. Malherbe, boulevard Sévigné, 7.

Bureaux de la Mairie

Les bureaux de la Mairie sont ouverts de 8 heures 1/2 à 11 heures et de midi 1/2 à 4 heures.
Le secrétariat général est ouvert de 1 heures à 8 heures.
M. Vadot, secrétaire général.

POLICE MUNICIPALE

Les bureaux sont situés place de la Mairie, dans l'aile gauche de l'Hôtel de Ville.
. Les commissariats sont ouverts en été de 8 heures du matin à 6 heures du soir; en hiver de 9 heures du matin à 6 heures du soir.

OCTROI DE RENNES

Bureau central, rue Nantaise, ouvert en été de 7 heures du matin à 6 heures du soir ; l'hiver de 8 heures du matin à 5 heures du soir. Il est ouvert en toutes saisons le dimanche de 8 heures à 10 heures du matin.

CAISSE D'ÉPARGNE

Les bureaux de la Caisse d'épargne sont situés rue de Belair.

La caisse reçoit les dépôts les samedis de midi à 2 heures ; les dimanches de 8 heures à 10 heures du matin ; les jours de foire de midi à 2 heures.

Les demandes de remboursement tous les jours de 10 heures à 4 heures et le dimanche de 8 à 10 heures.

ARCHIVES DU DÉPARTEMENT

1° Place Saint-Melaine (Sud)

Ouvertes de 9 heures à 11 heures et de 2 heures à 4 heures.

2° Section du Palais de Justice

Ouvertes de 1 heure à 4 heures.

M. Parfouru, archiviste-inspecteur du département.

ORDRE JUDICIAIRE

COUR D'APPEL DE RENNES

Premier Président

M. MAULION, contour de la Motte, 2.

Présidents

M. ADAM, rue Albert, 11.
M. GUILLAUMIN, rue de Belair, 14.

PARQUET DE LA COUR

M. GIRAUD, procureur général, rue de la Chalotais, 2.

TRIBUNAL DE COMMERCE DE RENNES

(Séant au Palais de Justice, rez-de-chaussée)

Président : M. Paul Picard, rue de la Glacière-St-Hélier, 5
Juges : MM. Anger-Melusson, rue de la Parcheminerie, 1.
Cornu-Giffard. quai Châteaubriand, 3.
Hogrel. boulevard de la Liberté, 24.
Balzer-Larivière, rue Saint-Louis, 26.
Suppléants : MM. J. Beaufils, Souffleux, Esnault, Letort.

⁂ Les audiences ordinaires ouvrent à une heure, et ont lieu les mercredi et vendredi ; le vendredi seulement pendant les mois d'août et septembre.

CHAMBRE DE COMMERCE

MM. Beaufils (Charles), *président.*
Simon (Amaury), *vice-président.*
Grimault, *trésorier.*
Picard, Cahour, Bérard-Péan, Gicquel, Bellamy,
Barré, Courteille, Duguet, Bossard, Brunot,
Rochon et Doret, *membres.*

CONSEIL DES PRUD'HOMMES DE RENNES

(Séant au rez-de-chaussée du Présidial)

Le Conseil tient ses audiences tous les mardis à une heure et demie. Le secrétariat est ouvert tous les jours non fériés.

JUSTICES DE PAIX

DE L'ARRONDISSEMENT DE RENNES

La ville est divisée en 4 arrondissements de justice de paix. Un seul prétoire, situé à la Halle-aux-Toiles (rue Chalais), sert aux quatre justices de paix.

1er Arrondissement (Nord-Est)

Le 1er arrondissement comprend : Rennes (nord-est), Betton, la Chapelle-des-Fougeretz, Gevezé, Saint-Grégoire, Montgermont, Montreuil-le-Gast et Thorigné.

Audience de conciliation et conseils de famille, *le samedi à midi*.

Audience sur citation, *le vendredi à midi*.

2e Arrondissement (Sud-Est)

Le 2e arrondissement comprend : Rennes (sud-est), Acigné, Cesson, Chantepie et Vern.

Audience de conciliation et conseils de famille, *le mardi à 11 heures 1/2 et le samedi à 11 heures 1/2.*

Audience sur citation, *le mardi à 11 heures 1/2.*

3e Arrondissement (Sud-Ouest)

Le 3e arrondissement comprend : Rennes (Sud-Ouest), Bourgbarré, Bruz, Chartres, Châtillon-sur-Seiche, Saint-Erblon, Saint-Jacques-de-la-Lande, Noyal-sur-Seiche, Orgères et Vezin.

Audience de conciliation et Conseils de famille, *le samedi, à onze heures.*

Audience sur citation, *le jeudi, à onze heures.*

4e Arrondissement (Nord-Ouest)

Le 4e arrondissement comprend : Rennes (Nord-Ouest), Pacé et Parthenay.

Audience de conciliation, *le samedi, à midi.*

Conseils de famille, *les mercredi et samedi, à midi.*

Audience sur citation, *le mercredi, à midi.*

A LA GRANDE MAISON — RENNES

TRIBUNAL DE SIMPLE POLICE

Il n'y a pour les 4 arrondissements qu'un Tribunal de simple police.

Les audiences se tiennent le lundi, à midi, rue Chalais, dans le local affecté aux quatre justices de paix.

BUREAU POUR L'ASSISTANCE JUDICIAIRE

Devant le Tribunal Civil, le Tribunal de Commerce et les Justices de Paix

Le Bureau se réunit tous les lundis de chaque quinzaine, dans une des salles du Tribunal civil, au Palais de Justice.

De 1 heure à 3 heures, consultations gratuites ; de 3 heures à 4 heures, rapports et décisions sur les affaires instruites.

TRÉSORERIE GÉNÉRALE

Rue de Fougères, 5 bis

M. Guéroult, trésorier-payeur général.

Les bureaux et la caisse sont ouverts de neuf heures à trois heures.

DOCTEURS-MÉDECINS DE RENNES

MM.

Aubrée, rue Victor-Hugo, 11.
Baudry, rue Bertrand, 5.
Bellamy, avenue de la Tour-d'Auvergne, 4.
Bertheux, place de la Trinité, 1.
Blin, rue Victor-Hugo, 9.
Bodin, rue de la Visitation, 3.
Bossis, rue Victor-Hugo, 1.
Boulai, rue Gambetta, 7.
Bruté de Rémur, rue des Dames, 19.
Camuzet, rue de la Hallé-aux-Blés, 9.
Castex, rue Bertrand, 16.
Cuisnier, rue Legraverend, 16.

Habillements tout faits, Hommes et Enfants

MM.

Dayot père, rue de Montfort, 1.
Dayot fils, rue de la Monnaie, 13.
Delacour, rue aux Foulons, 2.
Deschamps, rue de la Monnaie, 22.
Ferrand, rue Lafayette, 3.
Fleury, rue Saint-Yves, 12.
Follet, rue Duguesclin, 3.
Hamon, galeries Méret, 2.
Hervéou, rue de Coëtquen, 8.
Joubin, rue de Belair, 21.
Lautier, rue de Rohan, 3.
Lecomte, rue de la Visitation, 5.
Ledieu, boulevard de la Tour d'Auvergne, 41.
Lefeuvre, rue de la Monnaie, 9.
Le Monnier, galeries Méret, 11.
Le Moniet, rue de Beaumanoir, 3.
Leray, boulevard de la Liberté, 24.
Lhuissier, rue de la Monnaie, 1.
Patay, quai Duguay-Trouin, 2.
Perrin de la Touche, rue d'Argentré, 6.
Perret, rue de Bordeaux, 1.
Regnault, rue de Corbin, 8.
Richard, place Sainte-Anne, 29.
Templé, rue de l'Horloge, 5.

Officier de santé

M. Carré, boulevard Laënnec, 18.

A LA GRANDE MAISON — RENNES

INSTRUCTION PUBLIQUE

Académie de Rennes

M. JARRY, recteur de l'Académie, à l'Université.

Les bureaux de l'Académie sont ouverts, le matin, de neuf heures à onze heures et demie ; le soir, de une heure et demie à quatre heures.

ARMÉE

10ᵉ CORPS D'ARMÉE

M. DE JESSÉ, général de division, commandant le 10ᵉ Corps d'armée, rue de Corbin, 12.

État-Major du 10ᵉ Corps d'armée

Les bureaux de l'État-Major du 10ᵉ Corps d'armée, sont situés rue de Corbin, 10.

Intendance Militaire

Les bureaux de l'Intendance militaire, sont situés au quartier de Kergus.

UNION VÉLOCIPÉDIQUE DE FRANCE

Siège social : 21, rue des Bons-Enfants, à Paris.

Siège régional : 2, rue de Berlin (Cercle des Sports).

MM. Bernardeau, délégué régional, à Saint-Méen (Ille-et-Vilaine).

    Abraham, chef-consul, 8, rue Saint-Michel.

    Peigné, consul, 91, faubourg de Fougères.

    Lestringant, vice-consul, 62, rue du Mail.

    Perret, vice-consul, 3, place de la Halle-aux-Blés.

    Lesauce, vice-consul, 2, rue de Berlin.

    U. Denis, vice-consul, 49, avenue du Mail-d'Onges.

Cotisation : 6 francs par an.

SOCIÉTÉ DU VÉLO-CYCLE RENNAIS

Le siège social de cette Société est situé rue de Berlin, 2, au *Cercle des Sports*.

M. Bernardeau, président, à Saint-Méen (Ille-et-Vilaine).

SOCIÉTÉ PHOTOGRAPHIQUE DE RENNES

Siège social : rue de la Chalotais, 4.

MM FETTU, président.
le Capitaine PARFAIT, vice-président.
G. MARUELLE, vice-président-adjoint.
E. MAIGNEN, secrétaire.
R. LETESTU, secrétaire-adjoint et bibliothécaire-archiviste
BOUCHEROT, trésorier.

Cotisation annuelle des membres titulaires : 15 francs (plus 5 francs de droit d'entrée),
Membres honoraires : 10 francs par an.

LIGNES ITINÉRAIRES

DES

TRAMWAYS URBAINS

LIGNE Nº I

De la Gare au Faubourg de Fougères

Gare, avenue de la Gare, rue Toullier, rue du Pré-Botté, rue Chalais, rue de Berlin, rue de Coëtquen, place de la Mairie, rue d'Estrées, rue Le Bastard (ancienne rue aux Foulons), rue Motte-Fablet, rue d'Antrain, rue Lesage, rue et faubourg de Fougères.

LIGNE Nº 2

De la Gare au Cimetière du Nord

Gare, avenue de la Gare, rue Toullier, rue du Pré-Botté, rue Chalais, rue de Berlin, rue de Coëtquen, place de la Mairie, rue d'Estrées, rue Le Bastard (ancienne rue aux Foulons), rue Motte-Fablet, rue d'Antrain, rue de l'Hôtel-Dieu, rue Legraverend, rue de Dinan, pont Saint-Martin, avenue et cimetière du Nord.

LIGNE N° 3

Du Pont de Nantes à l'Octroi de Paris

Avenue de la Tour-d'Auvergne, rue Poullain-Duparc, rue de Nemours, rue de Rohan, rue Volvire, place de la Mairie, rue de Brilhac, place du Palais, rue Victor-Hugo, rue de Belair, rue de Paris, faubourg et octroi de Paris.

LIGNE N° 4

De Saint-Cyr au Cimetière de l'Est

Port-Cahours, le Mail, place de la Mission, rue de la Monnaie, rue de Olisson, rue Duguesclin, rue de l'Hermine, rue de Brilhac, rue Bourbon, rue de Berlin, quai de l'Université, avenue de la Gare. rue et faubourg Saint-Hélier, route de Châteaugiron, avenue et cimetière de l'Est.

LIGNE N° 5

Raccordements avec l'Usine électrique

Rue de Paris à l'Usine par la rue Châteaudun et de la rue Saint-Hélier à l'Usine par le boulevard Laënnec.

Le nombre minimum des voyages faits tous les jours, dans chaque sens est d'au moins 4 par heure ; toutefois il

est fait exception pour la ligne n° 5 dite du Nouveau Cimetière.

Pour la ligne n° 5 qui part de la Croix de Saint-Hélier et qui va au Nouveau Cimetière, le service n'est pas obligatoire par les temps de neige. Pendant l'hiver, il n'y a que 8 départs dans chaque sens.

En été, le service ne prend qu'à neuf heures du matin pour finir à cinq heures du soir.

Les prix sont ainsi fixés : 10 centimes d'un point terminus à la place de la Mairie, si l'on continue ou que l'on passe d'une voie sur l'autre on paie 5 centimes en plus.

Le tarif est le même pour les voyageurs assis ou debout.

Les enfants âgés de moins de trois ans, tenus sur les genoux ne paient pas.

Le voyageur a le droit de conserver les valises, colis, etc., dont le poids n'excède pas 15 kilos, toutefois le voyageur doit les tenir sur les genoux.

Les voitures doivent s'arrêter en pleine voie pour prendre ou laisser des voyageurs, sur tous les points du parcours.

Les trains doivent se composer de 2 voitures au plus et leur longueur totale ne pas dépasser 16 mètres.

La vitsese des trains en marche ne peut excéder 20 kilomètres à l'heure.

VOITURES DE PLACE

TARIF
à un cheval et à 4 places

De 6 heures du matin à minuit.

La course.. 1' 25
La première heure............................... 1 75
Les autres heures................................. 1 50

De minuit à 6 heures du matin.

La course:.. 1' 50
Pour chaque heure.............................. 2 50

STATIONS

Place du Théâtre, place Baudrairie, Champ-Jacquet, place du Calvaire, place Sainte-Anne, rue de Bordeaux, contour de la Motte, Halle-aux-Toiles, place du Bas-des-Lices, place de la Halle-aux-Blés, place de Bretagne.

VOITURES DE REMISE

à 2 chevaux ou à plus de 4 places

De 6 heures du matin à minuit.

La course.. 2' »
Pour chaque heure.............................. 2 50

De minuit à 6 heures du matin.

Pour chaque course.............................. 2' 50
Pour chaque heure.............................. 3 »

Habillements tout faits, Hommes et Enfan

Les limites des courses de ville sont fixées comme suit

Route de Paris, jusqu'à l'Asile d'Aliénés.
Route de Fougères, jusqu'à la maison n° 40.
Route d'Antrain, jusqu'à la maison n° 45.
Route de Saint-Grégoire, jusqu'au Cimetière.
Route de Saint-Malo, jusqu'aux Trois-Croix.
Faubourg de Brest, jusqu'au Sacré-Cœur.
Route de Brest, jusqu'au rond-point de la route de Lorient.
Route de Lorient, jusqu'au moulin du Comte.
Route de Redon, jusqu'au passage à niveau du chemin de fer.
Faubourg de Nantes, jusqu'à la maison n° 50.
Route de Châtillon, jusqu'au lieu dit le Pot-d'Etain.
Route de la Guerche, jusqu'à la croix de Saint-Hélier.
Avenue du Mail-d'Onges, jusqu'à la baignade du Gué-de-Baud.

A LA GRANDE MAISON — RENNES

THÉATRE DELEMARRE

~~~~~~

Parmi les divers genres de spectacles qui sont donnés dans notre ville pour l'Exposition, mentionnons d'une manière toute spéciale le coquet théâtre Delemarre, situé place de la Halle-aux-Blés.

Ce théâtre où l'on joue : Comédie bouffe, haute comédie, drame, pièces à grand spectacle et féeries, est aménagé d'une manière très confortable.

Il nous a été donné plusieurs fois d'aller voir jouer les artistes qui composent l'excellente troupe de M. Delemarr﹐ frères, et aussi bien, dans un genre de spectacle comme dans l'autre, nous nous sommes retiré enchanté de notre soirée.

Nous recommandons d'une manière toute spéciale les représentations du jeudi, dites représentations de famille.

Grâce à un aménagement très bien compris, la

Direction peut assurer au public des représentations par tous les temps.

En somme rien ne manque au spectateur, excellente troupe, installation superbe et, chose bien douce, un service de voitures est organisé à la sortie du théâtre.

PRIX DES PLACES :

Loges d'avant-scène, 2 francs. — Loges de famille (4 places), 6 francs. — Fauteuils, 1 fr. 50. — Premières, 1 franc. — Galeries, 0 fr. 60. — Troisièmes, 0 fr. 40.

La Direction se met tous les jours à la disposition du public pour la location des places (0 fr. 10 en plus).

Pour le genre de spectacle consulter l'affiche du jour.

MARCHÉS D'ILLE-ET-VILAINE

Lundi. — Bain, Bécherel, Combourg, Iffendic, Piré (*marché au beurre*), Pleine-Fougères, Redon, Retiers, Saint-Brice, Saint-Enogat, Sens, Vitré.

Mardi. — Antrain, Baulon, Gaël, Hédé, La Guerche, Médréac, Pipriac (*depuis septembre jusqu'à février*), Rennes, Saint-Aubin-d'Aubigné, Saint-Malo, Saint-Pierre-de-Plesguen, Saint-Servan, Servon.

Mercredi. — Brain, Bréal-sous-Montfort, Châteauneuf, Fougères, Guignen, Guipry, Janzé, Liffré, Lohéac, Louvigné-de-Bais, Montauban, Pleurtuit, Saint-Enogat, Saint-Germain-sur-Ille, Tinténiac, Tremblay.

Jeudi. — Argentré, Bais, Bâzouges-la-Pérouse (*les trois derniers jeudis des trois premiers mois de l'année*, BESTIAUX, GRAINS, VOLAILLES. etc.), Bourg-des-Comptes, Cancale, Châteaugiron, Grand-Fougeray, Guichen, (*3e vendredi de chaque mois*), Melesse, Montreuil-sur-Ille, Mordelles, Redon, Romillé, Saint-Aubin-du-Cormier, Saint-Georges-de-Reintembault.

Vendredi. — Antrain, La Chapelle-Chaussée, Châteaubourg, Guichen, Louvigné-du-Désert, Martigné-Ferchaud, Montfort, Le Pertre, Renac, Saint-Enogat, Saint-Malo, Saint-M'Hervé, Saint-Servan.

Samedi. — Dol, Fougères, Gennes, Lohéac, Marcillé-Robert, Plélan, Pleugueneuc, Redon, Rennes, Saint-Enogat, Saint-Méen, Le Sel.

MESSAGERS
DESSERVANT LES LOCALITÉS CI-APRÈS AU DÉPART DE RENNES

Acigné. — BRICOT, chez Bourcault, port de Viarmes, les mardi, jeudi et samedi, à 3 heures du soir.

Amanlis. — BRUNEL, *Hôtel de Piré*, mardi, jeudi et samedi.

Antrain. — LETARD, *Hôtel des Trois-Marchands*, rue d'Antrain, tous les jours, à 4 heures du soir. — MANCELLE, *Hôtel des Trois-Marchands*, rue d'Antrain, les mardi et vendredi, à 4 heures du soir.

Bain. — COLLIN, *Hôtel de Paris*, le samedi à 3 heures du soir. — HAMON, *Hôtel du Puits-Mauger*, le mercredi, à 2 heures du soir. — Veuve SAULNIER, *Café de l'Ouest*, rue Nantaise, les mardi et vendredi, à 2 heures du soir. — Veuve MIGOT, *Café Delisle*, quai Saint-Cast, les mardi et vendredi, à 1 heure du soir.

Bais. — BOUGEARD, *Hôtel de Piré*, rue du Champ-de-Mars. 6, les mardi et vendredi, à 3 heures du soir. — GAUTIER, *Hôtel de Paris*, rue Vasselot, 14, les mercredi et samedi, à 4 heures du soir.

Baulon. — GEORGES, *Hôtel de la Providence*, le samedi, à 4 heures du soir.

Bazouges-la-Pérouse. — LEMONNIER, chez Morel, rue Saint-Melaine, 11, les mardi et vendredi, à 3 heures du soir.

Bazouges-sur-Hédé. — LEMARCHAND, *Café de l'Ouest,* les lundi et samedi.

Bécherel. — BRIAND, chez Biet, rue Nantaise, 14, les mardi et samedi, à 2 heures 1/2 du soir. — GUINET, *Hôtel des Trois-Maures,* les mardi et samedi, à 2 heures du soir.

Bedée. — Julien RENAULT, café Biet, rue Nantaise, 14, le samedi, à 4 heures du soir (prend les voyageurs). — DANIEL, *A la Croix-Rouge,* rue de Brest, 1, tous les samedis, à 3 heures du soir. — DEMAY, *A la Croix-Rouge,* les mardi, jeudi et samedi, à 4 heures du soir.

Beignon. — DUVAL, chez Chauvel, *A la descente de Plélan,* rue du Mail, 2, le vendredi, à 2 heures du soir. — QUÉREL, *A la descente de Bretagne,* rue de Brest, le mardi.

Bouëxière (La). — SIMON, café Moreau, rue d'Antrain, les mardi, jeudi et samedi, à 4 heures du soir.

Bourg-Barré. — LEBRETON, *A la Californie,* le samedi.

Bourg-des-Comptes. — GARÇON, chez Eon, *Hôtel du Puits-Mauger,* rue de Nantes, 6, les mardi, jeudi et samedi, à 4 heures du soir.

Bréal. — HUE, chez Josse, rue du Mail, 5, les mardi, jeudi et samedi, à 4 heures du soir. — PERSAIS, hôtel Guérin, rue du Mail, 2, les mardi, jeudi et samedi, à 4 heures du soir.

Brie. — BRUNEL, *Hôtel de Piré,* mardi, jeudi et samedi.

Bruz. — PITOIS, chez Taillandier, place Tronjolly, les mardi, jeudi et samedi, à 3 heures du soir. — TOTARD, chez Taillandier, rue Tronjolly, les mardi, jeudi et samedi, à 4 heures du soir.

Chanteloup (canton du Sel). — PHILAU, chez Robert, *Au Gros-Raisin,* rue Saint-Hélier, 10, le samedi, à 8 heures du soir. — LEBRETON, *A la Californie,* le samedi.

Chapelle-Chaussée (La). — GUIGNÉ, chez Gaudin, *Hôtel des Trois-Maures,* rue de Dinan, 1, les mardi et samedi, à 8 heures du soir. — FEUDÉ, *A la Descente de Fougères,* tous les jours, à 4 heures du soir.

Châteaubourg. — HOUDAYER, *Hôtel de Paris* (pas de jours fixes).

Châteaugiron. — GUILLOPÉ, *Hôtel de Piré,* les lundi, jeudi et samedi. — LESAGE, chez Bourgeais, rue Dupont-des-Loges, les mardi, vendredi et samedi, à 2 heures du soir. — BOUGEARD, *Au Gros-Billot,* rue du Pré-Botté, les lundi et vendredi, à 8 heures du soir.

Châtillon-sur-Seiche. — BARRY, *Hôtel de la Poissonnerie,* les mardi, jeudi et samedi.

Chaussairie (La) et Pontpéan. — PITOIS, chez Taillandier, place Tronjolly, les mardi, jeudi et vendredi.

Coësmes. — GUILLEUX, *Hôtel de Paris,* rue Vasselot, 14, le samedi, à 2 heures 1/2 du soir. — HERVOCHON, *Hôtel de la Poissonnerie,* le samedi.

A LA GRANDE MAISON — RENNES

Combourg. — FERRAND, chez Gaudin, rue d'Antrain, le mercredi, à 3 heures du soir.

Dinan. — MASQUELIER, *Hôtel des Quatre-Bœufs*, les mardi et samedi, à 4 heures du soir.

Dingé. — DAVID, *A la Descente de Fougères*, rue d'Antrain, les mercredi et samedi, à 4 heures du soir.

Dol. — FERRAND, chez Gaudin, rue d'Antrain, le mercredi, à 3 heures du soir.

Ercé-en-Lamée. — BRETAGNE, *Au Gros-Raisin*, tous les quinze jours, le vendredi, à midi. — Veuve SAULNIER, *Café de l'Ouest*, les mardi et vendredi. — CORNÉ, *Hôtel de Paris*. tous les quinze jours, le vendredi, à 6 heures du matin.

Fougères. — GUÉHENEUX, *Hôtel des Trois-Marchands*, les mardi et vendredi, à 6 heures du matin.

Gacilly (La). — BIJOU, *A la Providence*, rue Chicogné, 17, les mardi et vendredi, à 4 heures du soir.

G. ë!.. — GUILLOIS, *Hôtel des Quatre-Bœufs*, le mardi, à 8 heures du soir. — LORAND, *Hôtel de l'Ouest*, le vendredi. — TROOHU, *Hôtel de l'Ouest*, le mardi.

Goven. — PILET, *A la Providence*, les jeudi et samedi.

Guerche (La). — GAUTIER, *Hôtel de Paris*, rue Vasselot, 14, les lundi et vendredi, à midi.

Guer. — François BIJOU, *A la Providence*, rue

A LA GRANDE MAISON — RENNES

du soir. — BRUNEL, *Hôtel de Piré*, les mardi, jeudi et samedi, à 4 heures du soir.

Lohéac. — FOUCAULT, *Hôtel de la Providence*, rue Chicogné, 17, les mardi et vendredi, à 2 heures du soir. — SAULNIER, *Hôtel de l'Ouest*. — BERTIN, rue Thiers, 5, le jeudi, à 3 heures du soir.

Marcillé-Robert. — POTIN, chez Bourgeais, rue Duhamel, tous les quinze jours, le samedi avant 11 heures. — ALBERT, *A la Californie*, le jeudi, à midi.

Martigné-Ferchaud. — JOLYS, chez Bourgeais, rue Duhamel, le samedi, à 4 heures du soir.

Maure. — BARRE, *A la Descente de Redon*, le vendredi, à 1 heure du soir. — HUET, chez Cordelier, *Hôtel de l'Ouest*, le vendredi, à 11 heures. — JOUBERT, *A la Providence*, rue Chicogné, 17, le vendredi, à 2 heures du soir. — CORVAISIER, *Au Puits-Mauger*, le mercredi, à 2 heures du soir.

Mauron. — GUILLOIS, *Hôtel des Quatre-Bœufs*, le mardi, à 4 heures du soir. — TROCHU jeune, *Hôtel de l'Ouest*, rue Nantaise, le mardi, à 3 heures du soir.

Melesse. — THÉBAULT, chez Leguen, place Sainte-Anne, le samedi. — LORANDEL, chez Biet, rue Nantaise, les mercredi et samedi. — LORET, chez Dubois, rue d'Antrain, le samedi.

Merdrignac. — BERTHELOT, *Hôtel d'Ille-et-Rance*, le mardi, à 3 heures du soir.

Montauban. — ESNAULT, *Hôtel de l'Ouest*, les mardi et vendredi, à 1 heure du soir.

Chicogné, 17, les mardi et vendredi, à 4 heures du soir.— GRANDHOMME, *A la Providence,* rue Chicogné, 17, le mardi, à 2 heures du soir.

Guichen. — METAYER; *A la Providence,* rue Chicogné, 17, les mardi, jeudi et samedi. — LAPIQUE, chez Chartier, *Hôtel du Pélican,* rue du Pré-Perché, les mardi, jeudi et samedi, à 5 heures du soir, en passant par Saint-Jacques et Pont-Réan.

Guignen. — MALŒUVRE, *A la Providence,* le vendredi, à 1 heure du soir. — BERTIN, *A la Descente de Redon,* rue Thiers, 5, le jeudi, à 3 heures du soir.

Guipel. — DAVID, *A la Descente de Fougères,* rue d'Antrain, les mercredi et samedi, à 4 heures du soir.

Guipry. — Veuve SAULNIER, chez M. Biet, rue Nantaise, le vendredi.

Hédé. — LEMARCHAND, chez Biet, *Café de l'Ouest,* rue Nantaise, les lundi et vendredi, à 2 heures du soir. — BASTIEN, café Robin, rue d'Antrain, tous les jours, à 4 heures du soir.

Iffendic. — LOHAT, chez Biet, rue Nantaise, les mardi et samedi, à 4 heures du soir.

Irodouër. — BAZOUGES, *Hôtel des Trois-Maures,* le samedi, à 3 heures du soir.

Janzé. — LUZOT, chez Bourgeais, *A la Californie,* les mardi, jeudi et samedi, à 8 heures du soir. — AUBIN, *Hôtel de Paris,* les mardi, jeudi et samedi, à 8 heures

Montfort-sur-Meu. — Auguste ALLAIN, *Hôtel de l'Ouest*, rue Nantaise, les mardi, jeudi et samedi, à 4 heures du soir. — PERSAIS, *A la Croix-Rouge*, les mardi, jeudi et samedi, à 3 heures du soir. — FAVRAIS, chez Chauvel, *A la Descente de Plélan*, les mardi, jeudi et samedi, à 4 heures du soir.

Montreuil-sur-Ille et Montreuil-le-Gast. — DAVID, *A la Descente de Fougères*, rue d'Antrain, le samedi, à 4 heures du soir.

Mordelles. — HUE, chez Josse, chantiers du Mail, les mardi, jeudi et samedi, à 4 heures du soir. — PERSAIS, chez Guérin, rue du Mail, les mardi, jeudi et samedi. — HUBERT, *Au Cheval-Rouge*, les mardi, jeudi et samedi.

Nouvoitou. — DOUIN, *Au Gros-Raisin*, rue Saint-Hélier, tous les samedis, à 2 heures du soir.

Orgères. — J.-M. BARY, chez Berthe, *Hôtel de la Poissonnerie*, les mardi, jeudi, samedi et jours de foire à Rennes, à 4 heures du soir.

Pacé. — BOUGEARD, *A la Croix-Rouge*, le samedi.

Paimpont. — GRÉGOIRE, chez Guérin, rue du Mail, les mardi et vendredi, à 3 heures du soir.

Pancé. — LEBRETON, *A la Californie*, le samedi, à 4 heures du soir.

Pipriac. — BOURRÉ, *A la Providence*, le mardi, à 2 heures du soir.

Piré. — GUILLOPÉ, *Hôtel de Piré*, les lundi, jeudi

A LA GRANDE MAISON — RENNES

CONSTRUCTION DE VOITURES EN TOUS GENRES

FORGE ET CHARRONNAGE

Vente et Échange de Voitures

VOITURES NEUVES & D'OCCASION

Pl DUBOIS

35, Rue du Mail, 35

RENNES

BLANCS

CHEMISES

sur Mesure

TROUSSEAUX

ET

Layettes

Maison PRENVEILLE

Modes au 2e Étage

1, RUE DE LA MONNAIE

Rennes

Habillements tout faits, Hommes et Enfants

et samedi, à 4 heures du soir ; dessert Boistrudan, Moulins, Amanlis, Chancé, Chaumeré et Chantepie.

Plélan. — DUHIL, chez Chauvel, rue du Mail, les mardi et vendredi, à 4 heures du soir. — GRÉGOIRE, chez Guérin, rue du Mail, les mardi et vendredi, à 3 heures du soir.

Ploërmel. — QUÉREL, *A la Descente de Bretagne*, rue de Brest, le mardi, à 4 heures du soir.

Pontréan. — RAMEL, *A la Descente de Redon*, chez Eon. les jeudi et samedi, à 4 heures du soir.

Rétiers. — ALBERT, chez Bourgeais, rue Duhamel, le jeudi, à 1 heure du soir.

Romazy. — MANCEL, *Hôtel des Trois-Marchands*, rue d'Antrain, le vendredi, à 10 heures du matin.

Saint-Aubin-d'Aubigné. — TISON, chez Touffet, rue d'Antrain, les lundi, jeudi et samedi, à 4 heures du soir.

Saint-Aubin-du-Cormier. — CHALLEMÈNE, *Aux Trois-Marchands*, les lundi et samedi, à 3 heures ; le jeudi, à midi. — JULIEN, *Aux Trois-Marchands*, les mardi et vendredi, à 3 heures du soir.

Saint-Brice-en-Coglès, Saint-Marc-le-Blanc, Saint-Ouen-des-Alleux. — HEURTIER, chez Moreau, *A la Descente de Fougères*, le vendredi, à 1 heure 1/2.

Saint-Hilaire-des-Landes. — HAMARD, chez Réaux, *Hôtel du Puits-Drillon*, rue Saint-Melaine,

11, le premier jeudi de chaque mois, à 4 heures du soir. — Mme CLARET, *Hôtel des Trois-Marchands*, rue d'Antrain, 44 *bis*, le mardi matin.

Sel (Le). — LEBRETON, chez Bourgeais, *Hôtel de la Californie*, le samedi.

Sens. — LETARD, *Hôtel des Trois-Marchands*, rue d'Antrain, tous les jours, à 6 heures du matin et à 4 heures du soir.

Tinténiac. — LECŒUR, *Hôtel des Quatre-Bœufs*, les mardi et samedi, à 4 heures du soir. — COUDRAY, *Hôtel des Trois-Marchands*, tous les jours, à 4 heures du soir.

Tresbœuf. — LUZAU, chez Bourgeais, rue Duhamel, les mardi, jeudi et samedi, à 3 heures du soir.

Vern. — DOUIN, *Au Gros-Raisin*, le samedi.

RENNES

VOITURES PUBLIQUES

de RENNES aux localités ci-après :

Antrain. — LETARD, *Hôtel des Trois-Marchands*, rue d'Antrain. 14 *bis,* tous les jours, à 6 heures du matin et à 4 heures du soir.

Bais. — BOUGEARD, *Au Gros-Billot,* rue du Pré-Botté, tous les jours, à 4 heures 1/2 du soir.

Béchere!. — DENIS. rue Nantaise, café Biet, le samedi, à 4 heures du soir. — FEUDÉ, chez Moreau, rue d'Antrain, tous les jours, à 4 heures du soir.

Bédée. — Julien RENAULT, rue Nantaise, 14, café Biet, le samedi, à 4 heures du soir. — DEMAY, *A la Croix Rouge,* rue d. Brest, les mardi, jeudi et samedi, à 4 heures du soir.

Bouexière (La). — SIMON, café Moreau, rue d'Antrain, tous les jours, à 4 heures 1/2 du soir

Bourg-des-Comptes. — GARÇON, *Hôtel du Puits-Mauger,* rue de Nantes, les mardi, jeudi et samedi, à 4 heures du soir.

Châteaugiron. — BOUGEARD, *Au Gros-Billot,* rue du Pré-Botté, tous les jours, à 4 heures 1/2 du soir.

Ercé (près Liffré). — LEMOINE, chez Morel, *Hôtel du Puits-Drillon*, rue Saint-Melaine, 11, les mardi, jeudi et samedi, à 4 heures du soir.

Fougères. — PAYS, café Robin, rue d'Antrain, 1, tous les jours, à 6 heures du matin.

Guipel. — DAVID, chez Moreau, *A la Descente de Fougères*, rue d'Antrain, le mercredi et le samedi, à 4 heures du soir.

Hédé. — BASTIEN, café Robin, rue d'Antrain, tous les jours, à 4 heures du soir. — COUDRAY, *Aux Trois-Marchands*, rue d'Antrain, tous les jours, à 4 heures du soir.

Irodouer. — BAZOUGES, chez Gaudin, *Hôtel des Trois-Maures*, rue de Dinan, 1, le samedi, à 4 heures du soir.

Liffré. — Alexandre JULIEN, chez Gaudin, *A l'Ancienne-Poste*, rue d'Antrain, 11, tous les jours, à 4 heures 1/2 du soir.

Mordelles, Plélan, Guer, Ploërmel. — BROGI, rue d'Antrain et café Roulleaux, quai Duguay-Trouin, 32, tous les jours, à 6 heures du matin et à 4 heures du soir.

Moulins. — BOUGEARD, *Au Gros-Billot*, rue du Pré-Botté, tous les jours, à 4 heures 1/2 du soir.

Pacé. — BOUGEARD, chez Persais, *Hôtel de la Croix-Rouge*, rue de Brest, 1, tous les samedis, à 8 heures du soir. — GODET, chez Chauvel, rue du Mail, 2, le dimanche, à 8 heures du matin et à 2 heures du soir.

Habillements tout faits, Hommes et Enfants

Piré. — BOUGEARD, *Au Gros-Billot*, rue du Pré-Botté, tous les jours, à 4 heures 1/2 du soir.

Pleugueneuc. — COUDRAY, *Aux Trois-Marchands*, rue d'Antrain, 44 *bis*, tous les jours, à 4 heures du soir.

Romillé. — DENIS, chez Biet, rue Nantaise, 14, le samedi, à 4 heures du soir.

Saint-Aubin-d'Aubigné. — TISON, chez Touffet, rue d'Antrain, 48, les lundi, jeudi, samedi et jours de foire à Rennes, à 4 heures du soir.

Saint-Aubin-du-Cormier. — DELALANDE, café Robin, rue d'Antrain, 1, tous les jours, à 4 heures du soir. — Aristide JULIEN. chez Moreau, rue d'Antrain, tous les jours, à 4 heures du soir.

Pacé, Saint-Gilles, Saint-Pern, Romillé, Irodouer, La Cocherière. — DENIS. chez Biet *Café de l'Ouest*, rue Nantaise, 14, le samedi, à 4 heures du soir.

Sens. — LETARD, *Aux Trois-Marchands*, rue d'Antrain, tous les jours, à 6 heures du matin et à 4 heures du soir.

Tinténiac. — FEUDÉ, café Robin, rue d'Antrain, 1, tous les jours, à 5 heures 45 du matin ; chez Chartier, *Hotel du Pélican*, rue du Pré-Botté, tous les jours, à 5 heures 1/2 du matin ; à la Poste, tous les jours, à 6 heures du matin. — COUDRAY, *Hotel des Trois-Marchands*, 44 *bis*, rue d'Antrain, tous les jours, à 4 heures du soir.

Vignoc. — COUDRAY, *Hotel des Trois-Marchands*, rue d'Antrain, 44 *bis*, tous les jours, à 4 heures du soir.

A LA GRANDE MAISON — RENNES

HORAIRE DE LA
SERVICE AU

HEURES DE DÉPART POUR :

Paris-Montparnasse	1.2.3.classe	6 50	matin
— Saint-Lazare (Fougères)...	1.2.classe..	8 54	—
— Montparnasse	1.2.3.classe	10 51	—
— — (Fougères)...	1.2.classe..	3 27	soir
— —	1.2.3.classe	4 48	—
— Saint-Lazare (Fougères)...	1.2.classe..	7 45	—
— Montparnasse	1.2.3.classe	8 36	—
Laval.................	1.2.classe..	8 46	—
Laval(les samedis et jours de foire à Rennes)	1.2.3.classe	5 20	—

Saint-Malo, (Avranches, Dinan, Fort-de-Châteauneuf, Dinard)........	1.2.3.classe	4 22	matin
— (Avranches, Dinan, Dinard)	1.2.3.classe	7 20	—
— (Avranches, Dinan, Fort-de-Châteauneuf, Dinard)..........	1.2.3.classe	10 44	—
Saint-Malo (Avranches, Dinan, Dinard)	1.2.3.classe	3 57	soir
....	1.2.3.classe	9 21	—

GARE DE RENNES
1ᵉʳ MAI 1897

HEURES D'ARRIVÉE DE :

Paris-Montparnasse	1.2.3.classe	3 25	matin
— —	1.2.classe..	3 47	—
— —	1.2.classe..	4 12	—
Laval.................	1.2.3.classe	8 32	—
Paris-Montparnasse (Fougères).	1.2.3.classe	10 7	—
Chartres (Fougères)........	1.2.3.classe	2 45	soir
Paris-Montparnasse (Fougères),	1.2.classe..	3 15	—
Laval.................	1.2.3.classe	6 32	—
Paris-Montparnasse	1.2.classe..	6 50	—
Le Mans (Fougères)	1.2.3.classe	9 15	—

Saint-Malo (Avranches, Dinan, Fort-de-Châteauneuf)	1.2.3.classe	8 19	matin
Saint-Malo (Avranches, Dinan, Dinard)	1.2.3.classe	9 38	—
— (Dinard).........	1.2.3.classe	3 »	soir
— (Avranches, Dinan, Dinard)	1.2.3.classe	7 19	—
— — —	1.2.3.classe	11 40	—

HORAIRE DE LA
SERVICE AU

HEURES DE DÉPART POUR :

Redon (Quimper, Châteaulin)......	1.2.3.classe	3 55 matin
— (Nantes, Quimper, Châteaulin)..	1.2.3.classe	6 18 —
— (Lorient, Quimper, Châteaulin)..	1.2.3.classe	10 31 —
— (Nantes, Quimper)	1.2.3.classe	4 » soir
— (Nantes, Vannes).........	1.2.3.classe	7 43 —
Messac (*Dimanches et Fêtes*)	1.2.3.classe	7 11 matin
Brest.................	1.2.classe..	3 59 matin
— (Ploërmel)...........	1.2.3.classe	5 6 —
Saint-Brieuc..............	1.2.3.classe	6 55 —
Brest (Ploërmel)...........	1.2.3.classe	10 37 —
— (Ploërmel)	1.2.3.classe	3 50 soir
Guingamp...............	1.2.3.classe	8 27 —
Châteaubriant (Nantes).......	1.2.3.classe	4 15 matin
— (St-Nazaire, Nantes)	1.2.3.classe	8 47 —
— (Nantes)	1.2.3.classe	11 41 —
—	1.2.3.classe	5 18 soir

GARE DE RENNES
1ᵉʳ MAI 1897

HEURES D'ARRIVÉE DE :

Redon.................	1.2.3.classe	8 13 matin
— (Lorient, Nantes)........	1.2.3.classe	10 30 —
— (Quimper, Lorient, Nantes) ...	1.2.3.classe	2 50 soir
— (Châteaulin, Nantes).......	1.2.3.classe	7 14 —
— (Châteaulin, Nantes).....	1.2.3.classe	8 17 —
Gu chen-Bourg-des-Comptes (Dim.etFêtes)	1.2.3.classe	9 » —
Guingamp (Ploërmel)........	1.2.3.classe	8 35 matin
Brest.................	1.2.3.classe	midi 55 —
— (Ploërmel)............	1.2.3.classe	3 15 soir
—	1.2.3.classe	6 45 —
— (Ploërmel)...........	1.2.classe..	8 26 —
Châteaubriant (Sablé).......	1.2.3.classe	8 17 matin
— (Nantes)......	1.2.3.classe	1 21 soir
— (St-Nazaire, Nantes)	1.2.3.classe	4 23 —
— (Sablé).......	1.2.3.classe	8 18 —

LE BEC DU RAZ

UN DÉJEUNER A PLOGOFF (Finistère)

Je venais de voir cette terrible pointe du raz et ce sol ravagé et misérable.

La carcasse en croulait des pierres effritées et l'échine malheureuse s'incurvait sous les vents du large.

Alors j'eus l'impression de notre impuissance, à nous les terriens, contre les empiètements de la grande gueuse.

Déjà j'évoquais la tempête et j'entendais nos pauvres pêcheurs de Bretagne :

« Va Doué! Va Sicouret da tremen ar riaz
» Rac Valestr a zo bihan hac ar mor a zo bras! »

Mon Dieu! Secourez-moi! Ma barque est si petite et la mer est si grande!

Je voyais la pauvre petite barquette s'allant émietter avec ces milliers de cadavres de vaisseaux perdus dans l'enfer de Plogoff et dans la baie des Trépassés.

L'enfer de Plogoff! ah! le bien nommé avec son

granit couleur de sang qui vomit les pierres dans des envolées de bave écumeuse.

« C'est l'enfer de Plogoff. Sur la droite au milieu
» De ces dunes à pic, c'est l'exécrable baie,
» La Baie-aux-Trépassés, blanche comme la craie :
» Son sable pâle est fait des ossements broyés,
» Et les bruits de ses bords sont les cris des noyés !

» BRIZEUX. »

Je m'en revenais vers Audierne, très impressionné de l'horreur sublime de cette côte follement audacieuse de ces trois cents pieds d'élévation sur la fureur des flots.

Sur le dos, en soldat, mon sac photographique avec le trépied en travers, car moi aussi je faisais mes grandes manœuvres à travers la vieille et savoureuse terre de Bretagne.

Et sous le ciel splendidement lumineux, par la route inexorablement rocailleuse et couturée, les roues de ma bécane grise laissaient dans leur rapide sillage des bouffées de poussière.

J'allai...

Subito, le *Deus ex machina* (de la machine) lui joua un petit tour de sa façon.

Un sifflement douloureux m'apprit que mon pneu si gaillard et si rotond tout à l'heure expirait. Vite descendu, je recueillis son dernier souffle. Hélas, trois fois hélas !

« Il avait dans le flanc une mince blessure,
» Un clou a dû causer la mort en l'étouffant, »
a dit V. Hugo.

Une chapelle, sur le bord de la route, offrait son ombre hospitalière ; j'y conduisis ma lamentable roulotte et alors commença l'opération réparatrice.

Un bonhomme de loin me regardait, rassuré, il s'avança. Une femme suivit, puis un bonhomme, puis une bonne femme et j'eus bientôt un cercle bretonnant très attentif.

Le bandage perforé fut recollé, remis en place et ma pompe pneumatique s'essouffla à donner la vie au pneu inerte et affaissé. Bientôt en effet sa poitrine se souleva et je criais victoire.

Complaisamment le bonhomme n° 1 m'avait aidé en ma tâche ingrate ; voyant mes mains noires de poussière, il m'invita à venir chez lui les laver et je le suivis en sa pittoresque ferme. D'une voix rude il commanda ; une jeune fille me tendit un grand bassin d'eau fraîche, et moi, à l'antique, debout, tandis que ma gentille Bretonne, le corps cambré par l'effort, tenait la coupe, je me baignais les mains en sybarite. Le père ordonna et une fillette vint qui me donna une rugueuse serviette blanche. Pour un peu, je crois que toujours à l'antique, mes gracieuses hôtesses n'eussent offert de me baigner les pieds, mais voilà, je n'avais pas le temps. Une grande jatte de lait, attirante, me présentait ses bords écumeux, j'y fis largement hon-

AU NOUVEAU MONDE

Renommée du Bon Café

Mme A. MAHÉ

Ancienne Maison DEMAY

2, Place Saint-Michel, 2

RENNES

Épicerie & Comestibles

VINS, EAUX-DE-VIE, LIQUEURS

DÉBITS AU COMPTOIR & DE TABAC

Nota : Pour les CAFÉS, la Maison ne reçoit et ne vend que des Cafés de qualité supérieure et défie toute concurrence loyale.

neur et me disposais enfin au départ. Les braves gens refusèrent de rien accepter et longtemps ils me suivirent des yeux sur la route éblouissante.

Un ramollissement général de la roue d'arrière m'apprit la fatale vérité. Ma réparation ne tenait pas, mon pneu s'affaissait J'avais beau gonfler le misérable, en quelques instants il rendait honteusement le bon air ingurgité. Je fis dans ces conditions une course fantastique. Je bondissais en selle et je partais dans un enlevage, puis je descendais lui insuffler la vie et je repartais emballé pour recommencer plus loin. Horrible et épuisante course. Il était une heure, depuis le matin j'étais en route, la débilitante faim me contraignit à m'arrêter.

Là bas, Plogoff et son clocher à jour. — En route pour Plogoff.

Une nuée de marmots pousse des cris étourdissants quand je m'engage dans le bas sentier du village ; effrayée, une bande de poulets étiques à longues jambes d'échassiers s'enfuit à tire de pattes ; trois oies, graves mais bêtes me suivent leur long cou tendu d'attention et poussent de petits cris que j'interprète : oh ! oh ! ah ! ah ! que vient faire ici cet étranger. Et je vais mon petit bonhomme de mauvais chemin scrutant les enseignes. Diable ! Les h 'elleries ne semblent pas faire florès en ladite localité ; très inquiet, je m'arrête devant une masure blanche engageante. — Plus

loin a-t-on répondu ; je salue, souris et sors de plus
en plus anxieux. Enfin, j'ai bien lu, auberge,
dame Kerguenno vend à boire, ô délices ! et à
manger, ô bonheur !

— Excuses, monsieur, mais comme nous ne
savions pas avoir de voyageurs aujourd'hui nous
n'avons rien à vous donner. Plogoff n'a ni boulan-
ger, boucher, épicier, alors vous comprenez.

— Si je comprends ! misère de misère, je vous
crois que je comprends.

— Mais il y a une autre auberge, allez-y voir,
peut-être ont-ils des restes de la semaine dernière.

— De la semaine dernière, merci, brave femme,
j'y cours.

Jeanne Archloarec, aubergiste. C'est.là.

Ça n'est pas beau, mais, Dieu, que c'est rusti-
que. Je baisse la tête et je descends trois marches.
Dans la pénombre de la salle basse, à grosses
poutres saillantes, une bretonne jeune travaille
près de la percée étroite, carrelée de petites vitres
verdâtres. Un grand silence règne accablant, je
m'annonce et, comme sortant d'une rêverie pro-
fonde, ses grands yeux vagues tournés vers moi
elle écoute ma complainte et d'une voix lente et
cadencée elle me répond en breton. Avec un grand
luxe de gestes, je fais des signes navrants de
détresse, j'ai soif, glou, glou, j'ai faim et je masti-
que avec ardeur.

Ciel, elle s'agite avec calme, elle a compris.
Toujours parlant breton, elle doit s'informer de

mes désirs. Alors je demande : « œufs, œufs, pour un peu je glousserais cot, cot, cot, pour faire saisir ma pensée, c'est-à-dire œufs à la coque. D'un geste simple, elle m'indique un panier sur une étagère, obscure ; j'en retire deux œufs, frais de la semaine dernière, aussi probablement, à moins qu'ils ne soient plus avancés par ordre d'ancienneté. Je réclame une casserole et mon hôtesse sort en quête d'un ustensile nécessaire. Elle revient avec une sorte de chaudron bossu ; elle le louait probablement à la petite semaine. Feu, feu, du feu. — Vite un placard entrebâillé me laisse apercevoir de la lande sèche ; je m'en saisis, et sur la pierre séculaire de la vaste cheminée, j'en dresse un petit tas ; les herbes pétillent, le chaudron bossu est pendu à la crémaillère, Jeanny y met l'eau d'une vénérable amphore et moi les deux œufs. Le liquide commence à ronronner, mais voilà-t-il pas que je m'aperçois que l'épaisseur d'eau est insuffisante pour baigner mes deux comestibles ; il n'y en a plus dans l'amphore, alors en changeant de doigt de temps à autre et en me brûlant horriblement, je fais pivoter en tous sens les œufs. Comme il y avait une cueiller dans l'auberge, je pus retirer les œufs sans avoir besoin de me mettre absolument les mains au court bouillon. Dans une salière unique je démêlais du mélange poivre et sel le condiment nécessaire ; en grattant un fond de pot avec le couteau branlant du feu Jeannot, j'eus du beurre, et quant au pain, il était noir et de dix-huit

livres. Une limonade quelconque, qui restait en permanence pour les jours de fête, fut débouchée. J'étais heureux. — Enhardi par ce premier résultat, je demandais du café ; on m'apporta un paquet de chicorée avec des grains de café par ci par là, et tandis que Jeanny Archloarec frottait le chaudron, moi je broyais le mélange. En un rien de temps, le liquide mijotait sur le feu ranimé, ma bonne hôtesse passant à l'état de soufflet asthmatique, quand, au bon moment où de petites bulles crevantes annonçaient le plein succès, la lande vint à manquer. Sans s'étonner, Jeanny appela par la fenêtre et un petit vieux s'en alla par les champs chercher de la lande. Une demi-heure après, le café grondant fut servi.

Tout à la béatitude du bien-être, j'entrevis mon aimable hôtesse grattant le bossué chaudron et peu après l'emplissant d'une bouillie blanchâtre, qu'elle fit cuire à petit feu.

Quelque chose d'énorme et d'un rose sale fit interruption dans le clair obscur de la salle. On voyait nettement que c'était un pensionnaire de la maison, habitué de tous les jours. Il se dirigea vers la bassinée fumante, plongea son grouin morveux dans la mixture et mangea à même de l'unique ustensile.

Ah ! mes amis, j'avais donc mangé avec le cochon.

Charles GÉNIAUX.

VARIÉTÉ

UNE CRUELLE DÉCEPTION

Un riche et joyeux fermier des environs de X...
étant tombé dangereusement malade, sa femme
crut devoir appeler le prêtre pour lui procurer les
consolations évangéliques.

Quand le curé arriva au chevet du malade, dont
il connaissait le caractère, il ne tarda pas à constater l'état dans lequel l'avait mis la fièvre et se dit
qu'il pourrait en tirer profit pour la plus grande
gloire de Dieu.

— Mon ami, lui dit-il, sur le seuil de l'éternité
comme vous l'êtes, il ne faut plus seulement songer
à ceux que vous allez laisser sur la terre, mais
aussi au salut de votre âme. Si malheureusement
vous veniez à mourir, vos enfants, occupés à
exploiter votre héritage, tout aux choses d'ici-bas,
vous auraient bien vite oublié; ils ne prieraient
guère pour vous. C'est pourquoi je ne saurais trop
vous engager à faire un don à l'Église afin qu'elle
intercède pour vous auprès de Dieu. Comme vous
êtes plus que dans l'aisance, cette précaution ne
nuirait en rien à l'avenir de vos enfants.

Le malade, qui n'était pas un croyant bien fervent, chercha à riposter par des plaisanteries qui lui étaient habituelles, mais le curé revenant à la charge la fatigue ne tarda pas à le mettre hors de combat. Alors attirant de dessous son oreiller une bourse de laine qu'il y tenait cachée et qui contenait quinze cents francs — le fermier avait l'habitude de cacher de l'argent un peu partout, détail que le curé n'ignorait pas — il la remit au ministre du Dieu de charité qui s'empressa de la faire disparaître en promettant le ciel au généreux donateur puis prit congé de lui.

La fermière qui, du coin de la cheminée, voyait ce qui se passait comprit, trop tard hélas, que les consolations se paient, mais elle n'osa intervenir. Elle se dédommagea quand un instant après le départ du curé son fils entra. Elle lui conta l'aventure.

Le jeune homme bondit d'indignation.

— Eh quoi, mon père! dit-il, notre conduite envers vous aurait-e le motivé l'acte que vous venez d'accomplir? Auriez-vous plus de confiance dans la parole d'un curé que dans les soins dont vous ont toujours entourés votre femme et vos enfants? Croyez-vous donc que si malheureusement nous venions à vous perdre, que nous vous oublierions au point de payer à des étrangers le soin de prier pour vous? N'est-ce pas une insulte faire à l'amour filial de vos enfants? Avez-vous réfléchi à cela mon père?...

Comprenant la justesse de ces reproches, le

malade courba la tête. Il se fit un instant de silence. Puis le fermier la releva, la fièvre qui brillait dans ses yeux avait fait place à un éclair d'intelligence ; un de ses bons vieux sourires d'autrefois illuminait sa figure.

— Cours après monsieur le curé, dit-il à son fils, dis-lui qu'il revienne de suite car j'ai oublié quelque chose.

Le jeune homme disparut comme une flèche.

Au sortir de la ferme, le curé avait pris le plus directement possible le chemin du presbytère, afin de déposer l'offrande en lieu sûr ; aussi fit-il la sourde oreille quand après avoir traversé trois ou quatre champs, il entendit crier derrière lui :

— Monsieur le curé ! monsieur le curé !

Mais l'agilité du jeune homme triomphant de l'entêtement du mini-tre, celui-ci ne tarda pas à sentir une main s'appesantir sur son épaule et force lui fut d'entendre ces paroles prononcées à son oreille :

— Monsieur le curé, mon père vous demande, il a oublié de vous dire quelque chose.

— Mon enfant, répliqua avec douceur le curé, ton père est un saint homme, ce qu'il a oublié doit être peu de chose, que cela ne l'empêche pas de dormir tranquille, je suis très fatigué, j'ai besoin de me reposer, demain je retournerai près de lui.

— Ah ! mais non, fit le jeune homme, mon père peut mourir dans cet intervalle, et je ne veux pas

que ses derniers moments soient empoisonnés par le remord

Le curé comprit que toute résistance était inutile, il retourna sur ses pas en maugréant. Quelques minutes plus tard, il se retrouvait près du malade :

— Eh bien, mon ami, vous avez oublié quelque chose ?

— Oh ! bien peu de chose, monsieur le curé, je voudrais donner un baiser à ma bourse.

— Qu'à cela ne tienne, dit le curé rassuré par cette idée de malade, contentez-vous mon ami, et il lui remit la bourse.

Le malade la pressa longuement contre ses lèvres, puis demanda ensuite :

— Et vous, monsieur le curé, l'avez-vous baisée ?

— Non, mon ami, répondit-il, ne sachant où son pénitent voulait en venir.

— Eh bien ! vous ne la baiserez pas.

Et par un mouvement brusque, le fermier remit la bourse sous son oreiller.

Le curé comprit cette fois..... qu'il était joué.

H. M.

A TRAVERS

L'EXPOSITION

Le titre de notre brochure n'aurait guère sa raison d'être si nous ne donnions un aperçu de l'Exposition.

Comme bien l'on pense, nous nous bornerons à une description très sommaire des produits exposés, voulant laisser aux visiteurs l'attrait de découvrir eux-mêmes les merveilles renfermées dans l'Exposition de Rennes.

A l'arrivée dans le Champ-de-Mars, l'œil est attiré par l'ensemble harmonieux qui se dégage des vastes bâtiments qui composent l'Exposition. Les galeries aux couleurs vert et jaune sont vraiment pittoresques. Le pavillon central, avec ses clochetons aux couleurs multicolores, est d'un aspect très coquet.

Tout autour de l'Exposition, de longues galeries destinées au Concours agricole qui, nous dit-on, sera très important.

A l'entrée, des parterres aux massifs verdoyants donnent un avant-goût au visiteur du plaisir qu'il va éprouver en visitant en détail l'Exposition. Toutes nos félicitations à M. Quatrebœufs pour la façon dont il a dessiné et fait exécuter les jardins.

Plus loin, de chaque côté, les deux pavillons de l'Exposition avec leurs galeries ; au centre même des bâtiments s'élève gracieusement, au milieu des parterres de fleurs, le kiosque de la Musique.

Le pavillon central est composé de la manière suivante : à l'entrée, le vestibule d'honneur ; de chaque côté, les salles destinées aux arts libéraux, les expositions diverses, la salle des fêtes et ses dépendances.

Derrière le pavillon central, mentionnons l'originale construction en liège de M. Bontemps, fabricant d'articles de liège, place Saint-Michel, qui nous montre tout ce qu'on peut faire avec ce produit.

Sur l'esplanade du Champ-de-Mars s'élève gracieusement le Palais des Glaces, éden vraiment enchanteur.

Au moment où nous écrivons ces lignes, les produits des exposants n'étant pas tous arrivés, bornons-nous à donner une analyse très rapide de quelques produits que nous avons vu; grâce à l'amabilité de quelques exposants.

L'exposition de la Maison Grenier, rue du Mail, est très intéressante à visiter en détail et nous ne pouvons résister au désir d'en donner un aperçu ;

Une magnifique panoplie de vis de pressoirs attire l'œil dès l'arrivée. De chaque côté, deux petits pressoirs; sur le sol, une machine à battre avec son manège en fer, une tarare, un moulin à pommes, un applatisseur, un coupe-racines, un moulin à farine, un concasseur, un hache-paille, un batteur, une petite charrue, etc., en somme toute une série de machines agricoles d'un travail parfait. Tous ces instruments sont décorés avec un goût exquis et font le plus grand honneur au chef de cette maison, ainsi qu'à ses collaborateurs.

Mentionnons aussi les produits de l'importante fonderie Guy, dont les directeurs, comme toujours, ont été soucieux de maintenir la bonne réputation de leur maison.

A remarquer les expositions de M. Lemoine, constructeur-mécanicien, canal Saint-Martin ; de M. Tessier, constructeur-mécanicien à Vitré ; de M. Nassivet, constructeur à Nantes.

M. Callenec, maréchal-ferrant à Saint-Brieuc, dans un cadre très restreint, expose aux regards des visiteurs une série très variée de fers.

M. Brunet, marchand de courroies à Boissy-Maugis (Orne), dans une montre très coquette, expose des courroies de tous les genres.

La Maison Bessaiche-Bertin, rue-Poullain-Duparc, expose des produits qui font honneur à cette maison.

Tous nos compliments à M. Wesbecher, de Paris, qui, avec un étalage savamment combiné, sait intéresser le public à ses articles de ferronnerie et de meubles en fer.

Une mention toute spéciale à M. Travers, outilleur, boulevard de la Tour-d'Auvergne, qui expose

Habillements tout faits, Hommes et Enfants

toute une série de très beaux outils pour tous métiers.

A remarquer les expositions de la maison Métraille, de Rennes; de MM. Collet et Pintiaux, distillateurs à Fougères ; le coquet pavillon de la Brasserie de Rennes.

Les amateurs de bicyclette peuvent se réjouir, les stands regorgent de machines de toutes les marques et de tous modèles.

.A noter le stand de la maison Clément, décoré avec un goût parfait, où sont exposées des machines d'une élégance et d'une solidité à toute épreuve.

La Compagnie de l'Ouest nous montre une machine à huit roues, pour les trains de grande vitesse.

Cette locomotive, par ses proportions gigantesques, est digne de transporter des voyageurs de la force du colosse de Rhodes.

Comme mécanisme, elle est très curieuse à visiter en détail. Si nous avons la mémoire fidèle, il nous semble avoir vu une machine analogue l'Exposition de Paris 1889.

A remarquer, faisant suite à la m chi e, un

A LA GRANDE MAISON EN

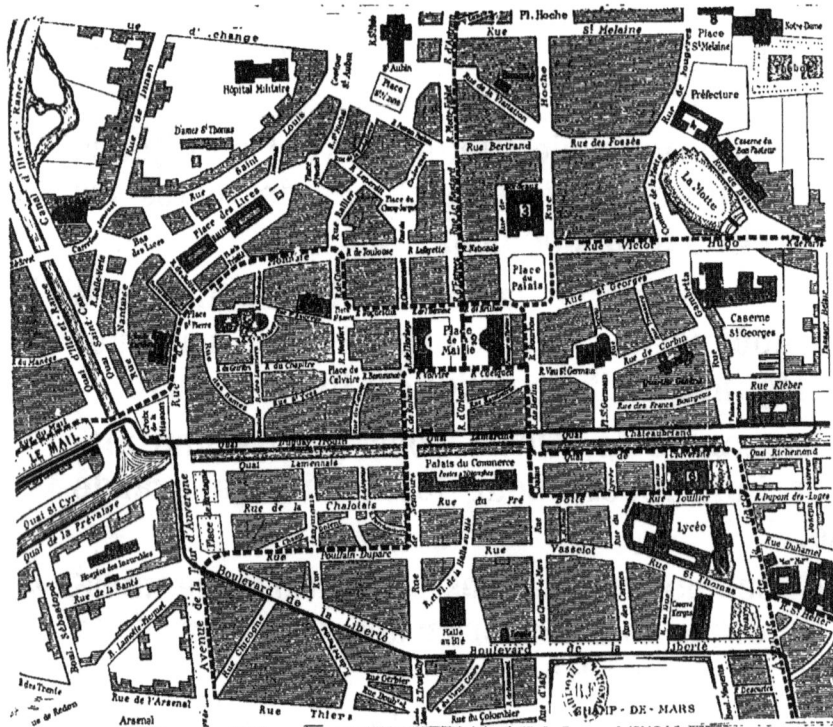

PLAN
DE
RENNES

LÉGENDE

1 _ Hôtel de Ville
2 _ Théâtre
3 _ Palais de Justice
4 _ Préfecture
5 _ Cathédrale
6 _ Musée _ Université
7 _ Palais des Scienc
8 _ Archevêché

Tramways Urbains ------
id. Départ.ᵘˣ _____

Echelle

100   200ᵀ

Pl. Hoche
Rue St Helaine
Place St Helaine
Notre-Dame
Préfecture
Caserne du bon Pasteur
Hôpital Militaire
Place St Jean
Rue Bertrand
Rue des Fossés
la Motte
Rue Victor Hugo
Rue Kléber
Place des Lices
Place du Champ Jacquet
Caserne St Georges
R. de Toulouse
R. Lafayette
Rue Nationale
Place du Palais
Rue Georges
Caserne
Place de la Mairie
Place du Calvaire
R. du Chapitre
R. d'Estrée
Rue de Corbin
Rue des Francs Bourgeois
Rue Kléber
Quai Lamennais
Palais du Commerce
Quai Chateaubriand
Quai Richemont
LE MALL
Quai St Cyr
Quai de la Prévalaye
Rue de la Chalotais
Rue du Pré Botté
Rue Toullier
R. Dupont des Loges
Rue de la Santé
Toussaint Duparc
Rue Vasselot
Rue St Thomas
Rue Duhamel
Lycée
Boulevard de la Liberté
Halle au Blé
Boulevard de la Liberté
Rue de l'Arsenal
Arsenal
Rue Thiers
Rue du Colombier
CHAMP - DE - MARS

veau système de voiture de 3ᵉ classe à six compartiments, avec banquettes rembourrées.

Tous nos compliments à la Compagnie de l'Ouest pour l'espérance qu'elle nous donne en montrant qu'elle s'occupe de supprimer les voitures actuelles rembourrées avec des noyaux de pêche; mais continuons notre promenade, car il passera beaucoup d'eau sous le pont Saint-Georges avant que le bon public puisse voyager sur des banquettes si douces.

Tant qu'à la galerie des Beaux-Arts, il nous serait très difficile d'en parler, car la plupart des exposants ont leurs œuvres en ce moment exposées à Paris. Nous croyons savoir cependant que cette branche de l'Exposition sera grandiose.

Pour les attractions, l'Exposition ne laissera rien à désirer à cet égard. Le directeur du Conservatoire de Rennes, M. Tapponnier, est à la tête des représentations théâtrales et des concerts, c'est assez dire que nous aurons des représentations choisies.

Mais il est temps de déposer la plume et de laisser le visiteur parcourir lui-même toutes les salles de l'Exposition.

Habillements tout faits, Hommes et Enfants

En sortant, n'oubliez pas de visiter le magnifique monument des Mobiles Bretons, morts pour la Patrie en 1870-71. Cette œuvre a été inaugurée par M. le Président de la République, lors de son voyage en Bretagne en 1896; le sujet est l'œuvre du sculpteur rennais Dolivet, ancien élève de l'Ecole régionale des Beaux-Arts de Rennes, auteur des statues de Leperdit et de Le Bastard, anciens maires de Rennes.

J. L.

A notre grand regret, nous ne pouvons donner dans ce Guide la vue des bâtiments de l'Exposition, plusieurs membres du Comité nous ayant fait savoir qu'il était interdit de la reproduire.